ATAUD

ET

LA BARRICADE

de l'Académicien PAUL BOURGET

AVEC PRÉFACES

de GUSTAVE HERVÉ
et EMILE CHAPELIER

———•———

PRIX : 0 fr. 50

Imprimerie Générale, rue Chisaire, Mons. — Gérant : Albert Harvengt.

PATAUD & LA BARRICADE

LETTRE DU CITOYEN GUSTAVE HERVÉ AU CAMARADE EMILE PATAUD.

Prison de la Santé, 12 Novembre 1910.

Mon cher Pataud,

Ça me rajeunit de quatre ans de vous écrire d'ici. Je crois bien que j'occupe la cellule même où Clémenceau vous fit enfermer en l'an de grâce 1909, pour insuffisance de patriotisme. J'étais un de vos voisins alors. Je ne prenais pas comme vous de leçons de solfège, mais je me souviens encore de la salle commune où l'ami Clément tenait sa classe. Vous étiez le plus studieux de ses élèves. Le samedi c'est vous qui aviez la croix, et vous la portiez, élève Pataud, gravement sur la poitrine, suspendue à un large ruban bleu. Car si vous manquiez de patriotisme, vous ne manquiez pas de bonne humeur et vous étiez déjà un joyeux pince-sans-rire.

Avec les ans, votre verve n'a fait que croître et embellir, si j'en crois les gazettes. Quand j'ai appris par elles que vous alliez monter sur les planches entre deux actes de *La Barricade*, je me suis dit : « Voilà l'élève Pataud qui reparaît. Il n'aura pas pu résister à la tentation de faire une rosserie à Bourget, et de se payer la tête des bons bourgeois qui viendront applaudir la pièce ultra-réactionnaire de l'illustre académicien ».

Il y avait bien dans cette exhibition d'un militant révolutionnaire au milieu d'une troupe de comédiens quelque chose qui choquait ma pudeur intime, mais je me raisonnais : « Après tout, c'est une façon d'atteindre un public de bourgeois qui ne lit pas nos journaux, qui ne vient jamais à nos meetings et qui ignore tout du syndicalisme et de la Confédération Générale du Travail. La montagne ne vient pas à nous, allons à la montagne ».

Possible que l'ami Pataud s'illusionne sur le résultat qu'il peut attendre de cette forme originale de propagande ! Je crains bien qu'il ne prêche dans le désert ; mais, si ça ne leur fait pas de bien, à ses auditeurs bourgeois, ça ne peut pas leur faire de mal, à eux ni à personne !

A eux, non !

A personne ? Je n'en suis pas sûr du tout maintenant.

Je suis convaincu, au contraire, que votre tournée, si bonnes et si pures que fussent vos intentions, vous a fait du tort à vous, Pataud, dans l'esprit des meilleurs militants.

Vous savez que le quartier politique de la Santé est un lieu qui n'est guère fréquenté que par des camarades qui ont fait des preuves.

Depuis six mois que j'y suis, j'y ai vu défiler une légion d'ouvriers de toutes les corporations, tous grands chasseurs de renards devant l'Eternel, ou saboteurs émérites.

Au moment où votre tournée théâtrale passionna l'opinion publique, il m'a été donné de constater le sentiment de gêne et d'inquiétude qu'elle faisait naître dans l'âme de tous les camarades.

Tous disaient : « C'est du cabotinage ! On finira par ne plus le prendre au sérieux, le roi Pataud ! »

D'autres, plus durs, ajoutaient, avec l'approbation... : « Pataud s'est fait donner la forte somme par l'impresario, qui l'exhibe comme un phénomène, comme un veau à deux têtes. Il bat monnaie avec sa réputation révolutionnaire, une réputation qu'il doit en partie à l'énergie, à la discipline, aux privations et aux souffrances de tous les électriciens ses camarades. D'autres, arrivés à la popularité, s'évadent de l'enfer du prolétariat par le chemin du Parlement ; notre Pataud finira un de ces quatre matins par se trouver, lui aussi, de l'autre côté de la Barricade, sans savoir comment. Il cherche un moyen de troquer ses outils de travailleur manuel pour une situation plus lucrative et plus bourgeoise ».

Si c'était là l'avis... de militants qui vous aiment ou qui vous...

Jugez quelle a dû être l'impression des non-militants, plus accessibles encore aux insinuations perfides de la presse ennemie.

Vous vous êtes fait tort à vous-même.

Vous avez fait tort, moralement, à la Confédération Générale du Travail.

Je sais bien qu'avant de monter sur les planches, vous avez pris soin de vous faire mettre en congé par votre syndicat.

Croyez-vous que le public soit sensible à ces nuances, à ces distinguo ?

Mon cher Pataud, vous pouvez vous faire relever de vos fonctions de secrétaire de syndicat, vous n'en restez pas moins pour tout le monde Pataud, le « Roi Pataud ».

Que vous le vouliez ou non, vous symbolisez à tous les yeux la Confédération Générale du Travail, autant et peut-être plus que Griffuelhes et Yvetot, à cause de la notoriété que vous avez conquise.

Aussi, toutes les critiques qu'on vous adressait à travers votre personne, visaient et atteignaient la Confédération Générale du Travail elle-même, qui n'a retiré aucun lustre, croyez-le bien, de votre équipée.

Vous m'avez demandé mon avis, mon cher Pataud, je vous le donne franchement, brutalement peut-être, mais, vous le savez, sans amertume et sans fiel.

Je manquerais d'ailleurs à la vérité et à la justice, si je n'ajoutais que votre rôle dans la dernière grève des cheminots et les poursuites nouvelles dont vous honore la belle fripouille qui nous gouverne, ont complètement dissipé le léger nuage que votre exhibition sur les planches avait fait passer sur quelques fronts amis.

En attendant de vous retrouver sur les bancs d'une prochaine cour d'assises ou dans quelque geôle républicaine, je vous adresse, mon vieux Pataud, ma plus fraternelle poignée de main.

Gustave Hervé.

MODESTE CONTRIBUTION A LA DÉFENSE DU... « CABOTIN » ÉMILE PATAUD

Bruxelles, le 24 novembre 1910.

Si un homme de cœur, poussé par une idée nouvelle, s'avise de travailler à l'émancipation des malheureux, c'est justement ceux qui devraient être les premiers à lui tendre la main qui seront les premiers à le traiter de canaille, à le dénoncer comme ennemi du peuple !

Ce n'est que petit à petit que l'idée est insinuée dans quelques cerveaux et que des groupements se constituent pour la défendre et la propager.

Il va sans dire que ces groupements seront l'objet de persécutions d'autant plus rageuses qu'ils seront plus redoutés.

Vous pensez peut-être que tous les hommes qui, malgré leurs bonnes raisons et leurs bonnes intentions, ont eu à souffrir de ces travers de l'Humanité encore vagissante, n'en feront pas souffrir les autres ?

Sans doute, il faut les distinguer du vulgaire troupeau de l'apriorisme, mais, hélas ! ce sont des hommes ! Leur évolution n'a pas, ne pouvait pas supprimer complètement leur atavisme, ni leur prime éducation. Sans être néophobes, certains ont encore la peur du changement : « On ne saura jamais à quoi s'en tenir si l'on vient toujours modifier notre bon vieux programme ! »

Aussi, c'est une étude laborieuse pour les amateurs de succès personnels ! C'est qu'il ne faut pas chercher à élever la « majorité compacte », mais se mettre à son niveau ! ne pas lui dire ce que l'on pense, mais tâcher d'exprimer ce qu'elle pense... ou ce qu'elle penserait, si elle pensait... Demandez plutôt à certains politiciens !

Au point de vue personnel, il semble donc que c'est un grave tort que d'avoir raison !

Si en plus de cela vous êtes combatif, si vous avez le courage d'affronter la tribune et si vous parvenez à exprimer quelques idées par la plume, il y aura toujours quelques braves camarades..., des purs, des anges d'une blancheur immaculée... pour insinuer que vous êtes un ambitieux, un vaniteux, un autocrate ! Et comme vous ne soumettez pas toutes vos idées et tous vos actes à leur génie, expert en l'art de disséquer les cheveux, vous êtes un traître, un vendu, un Briand !

Pataud ne pouvait naturellement échapper à cet aboutissant logique d'une gloire dont il se moque et qu'il n'a point désirée. On n'avait pas attendu ses conférences sur *La Barricade,* de l'académicien réactionnaire, pour le traiter de bluffeur et de cabotin.

Tout cela, notre ami Gustave Hervé le sait mieux que moi. Comment sa froide raison et sa grande probité intellectuelle ont-elles pu être surprises ?

**

Un impresario organise à travers la France des représentations de la pièce fameuse dans laquelle M. Bourget a saboté les plus belles idées et les plus légitimes aspirations du prolétariat. Il a même saboté le sabotage en le présentant sous un jour absolument faux.

L'impresario croit, avec raison, que son spectacle aurait un attrait de plus si Pataud y présentait lui-même, entre deux actes, la thèse contraire à celle de Bourget.

Pataud accepte.

C'est que, dans un théâtre, il y a, comme le dit Hervé, un monde qu'on ne peut atteindre ailleurs. Et n'en déplaise à Hervé, il s'y trouve souvent autant de prolétaires que de bourgeois.

Pour Pataud, c'est d'autant plus intéressant qu'il pourra défendre et propager la thèse syndicaliste-révolutionnaire aux frais, librement consentis, de ceux mêmes qui la combattent.

« Eh, justement ! nous dit-on, l'impresario, comme une partie des spectateurs, ne voyait en Pataud qu'une bête curieuse ; c'est pourquoi nous crions à l'exhibition ! »

Alors pourquoi ne criez-vous pas aussi contre Brieux, Mirbeau et tant d'autres qui ont exposé nos idées sur la scène ou sur les « planches », comme vous dites avec dédain ?

Et vous, ami Hervé, quand vos multiples entorses républicaines vous permettent de faire quelques meetings, ne pensez-vous pas que bon nombre de gens n'y viennent pas uniquement pour voir la tête de l'homme qui a planté le drapeau dans le fumier ? A propos de cela aussi on a parlé de bluff et de cabotinage. Et je vous ai défendu comme je défends Pataud.

Qu'est-ce que cela peut bien nous faire que des gens viennent nous écouter uniquement pour satisfaire une curiosité malsaine, et qu'à l'occasion un impresario, ou un propriétaire nous louant une salle, y trouvent leur compte, pourvu que nos idées conquièrent quelques cerveaux ?

C'est uniquement ce qu'a dit Pataud qu'il faut voir. On le verra plus loin.

*
* *

« Pataud se sera fait payer la forte somme par l'impresario ». Ce chevalier du maximum de salaire pour les autres est peut-être capable d'avoir arracher à l'autre côté de la barricade tout ce qu'il a pu ! Schocking !

Sans doute s'il s'était enrichi on pourrait lui appliquer le mot fameux de Guizot... Hélas ! après sa tournée je l'ai trouvé dans la dèche, proscrit avec sa compagne en larmes devant leur fillette mourante. Et malgré cela, il envoyait encore à d'autres victimes de la... justice républicaine ce que les amis du Borinage lui offraient pour ses conférences.

J'espère que « les chasseurs de renard devant l'Eternel et les saboteurs émérites », dont parle l'ami Gustave Hervé, voudront bien ne plus comparer Pataud à l'illustre gredin qu'est Aristide Briand...

Que dis-je ? Briand c'est le sauveur de Pataud ! En effet, Hervé donne cette impression que Pataud était un homme f... et que la nouvelle persécution dont l'a honoré Briand, a fait complètement disparaître le « léger nuage » qui était apparu sur quelques fronts amis. A quoi peut tenir l'honneur et la vie d'un militant ! Ainsi se vérifie une fois de plus ce qu'Eugène Hins me disait un jour : « Pour se tirer d'affaire, il faut toujours compter sur son ennemi ! »

Sacré Pataud, il a toutes les veines !

Et le « léger nuage » qu'on avait pris pour un orage aux lueurs sinistres, assez puissant pour foudroyer le « roi de la lumière ? »

Beaucoup de bruit pour rien !

Une tempête dans un verre d'eau, quoi !

*_**

Mais j'ai réservé pour la fin la bonne bouchée, c'est-à-dire la preuve qu'Hervé a été induit en erreur.

Il reproche à Pataud d'avoir donné sa démission de secrétaire du Syndicat des Industries Electriques, pour suivre un impresario.

Pataud, qui est adversaire du fonctionnarisme syndical — idée que je ne partage qu'à moitié — s'était fait relever non de ses fonctions, mais de ses appointements, ne voulant pas vivre, dit-il, des services qu'il pouvait rendre à son syndicat. Et cela eu lieu avant de faire connaissance avec l'impresario en question.

A l'heure qu'il est, Pataud est toujours, mais gratuitement, secrétaire du Syndicat des Industries Electriques !

N'est-ce pas à vous dégoûter du désintéressement ?

J'abandonne le reste.

*_**

Hervé, Pataud et moi, nous avons les mêmes tempéraments — ce n'est, hélas, que par là que je leur ressemble un peu. Comme Hervé, j'ai dit brutalement ma pensée ; je suis convaincu qu'il ne m'en voudra pas plus que Pataud ne lui en veut — ce qui n'est pas peu dire, car il professe pour son critique la plus profonde estime.

Emile Chapelier.

***

AVANT-PROPOS

Mes causeries sur La Barricade, *la pièce de M. Paul Bourget ont suscité des discussions nombreuses et passionnées, non seulement dans le clan bourgeois, mais encore dans les milieux syndicalistes.*

De l'opinion des premiers, je n'ai cure, mais je me fais un devoir de tenir compte des avis des seconds.

Malheureusement, ces avis sont très partagés et il me semble que la question des Conférences au théâtre, faites par un militant, n'est pas résolue. Doit-on, ou ne doit-on pas les faire ? Je n'en sais rien encore et c'est ce doute qui m'a amené à demander une préface à mes amis Gustave Hervé et Emile Chapelier.

Je souhaite qu'après la lecture des lettres de ces deux camarades le lecteur puisse prendre parti.

Pour le moment, qu'on me permette de rappeler l'attitude de M. Bourget à mon égard et de rectifier certaines erreurs commises par des folliculaires intéressés.

Après les représentations de LA BARRICADE *au Vaudeville, M. Bourget cède, à M. Albouy, impresario, le droit de représenter sa pièce en province. Celui-ci prévient alors l'auteur que son intention, les conférences étant à la mode, est de corser l'intérêt de la pièce par une causerie du citoyen Pataud. M. Bourget ne fait alors aucune objection.*

Même mutisme lors de la parution d'un article de moi, dans LE MATIN, *article destiné à expliquer, à mes camarades syndicalistes, les motifs de mon acceptation.*

Et c'est seulement après plusieurs conférences faites dans les grandes villes de France que M. Bourget paraît s'émouvoir et communique à la presse la lettre suivante, adressée à la Société des Auteurs dramatiques :

« Cornebelle, 16 septembre 1910.

« *A Monsieur le président de la Société des auteurs dramatiques.*

« *Monsieur le président,*

« *J'apprends par les journaux trouvés ici après un assez long voyage, les incidents qui se sont produits au cours de la tournée de* LA BARRICADE. *Le texte de l'affiche qui m'avait été soumis par M. Albouy, auquel M. Porel a rétrocédé l'autorisation d'entreprendre cette tournée, ne portait le nom d'aucun orateur. M. Albouy m'avait bien écrit, ce printemps, à la suite de quelques notes parues dans la presse, qu'il avait pensé à M. Pataud pour une conférence. Comme, au même moment, celui-ci, dans une interview, avait démenti la chose, je n'y avais attaché aucune importance. Je vois qu'il s'agit d'une entreprise qui associe à mon* œuvre un des représentants de l'idée contre laquelle cette œuvre est dirigée. Tenant à ce qu'il soit bien établi que je suis totalement étranger à cette spéculation, je viens vous prier de vouloir bien faire attribuer à la caisse de secours de la Société les droits d'auteur qui me seraient revenus des représentations où a parlé M. Pataud.

« Vous trouverez ici, avec mes remerciements anticipés, l'assurance de mon dévouement confraternel.

« PAUL BOURGET ».

Constatons en passant que je n'ai jamais démenti, dans aucune interview, l'annonce de mes conférences.

Quoiqu'il en soit, tous les journaux louent à ce moment, et à qui mieux mieux, ce geste désintéressé de M. Bourget. Aussi, sous cette avalanche de fleurs, celui-ci n'hésite pas à signifier — par ministère d'huissier — à l'impresario, lors d'une représentation à Belfort, l'interdiction absolue de continuer mes conférences.

Bien entendu, l'impresario s'incline et ma carrière de conférencier me semble à moi-même brusquement et à tout jamais terminée.

Aussi, quelle n'est pas ma surprise, quand quelques jours après, M. Albouy fait de nouveau appel à mon concours.

Je me rends à cette invitation et là j'apprends que M. Bourget, cette fois sans en aviser la presse, était revenu sur sa décision et... autorisait mes causeries.

Quelles étaient les raisons de ce revirement? Mystère et... droits d'auteur.

M. Bourget avait saboté son désintéressement !

Me voilà donc reparti pour une nouvelle tournée de conférences ! Nîmes, Béziers, Salon, Marseille, etc., mais il est dit, décidément, que je n'irai pas jusqu'au bout et le 13 octobre dernier, M. Briand interrompt mes succès de critique en lançant contre moi, à propos des grèves des cheminots et des électriciens, un mandat d'arrestation.

Grâce à mon ami Noël, je puis aujourd'hui publier cette causerie qui certes, est bien imparfaite. Pourtant, on excusera peut-être ces imperfections si l'on songe que je n'avais que vingt-cinq minutes pour traiter un sujet qui demanderait des heures de développement.

Un dernier mot :

A l'heure actuelle, je ne me repends aucunement de cette tentative. Elle m'a en effet, permis de constater une fois de plus, l'antagonisme des classes, et ce ne fut pas pour moi un spectacle banal de voir, notamment à Vichy, la haine des bourgeois des fauteuils se manifester à mon égard par des aménités telles que : bandit, assassin, voleur, misérable, etc., tandis que mes « amis » du poulailler m'applaudissaient à tout rompre et me prouvaient ainsi que le syndicalisme révolutionnaire était dans la bonne voie.

E. P.

Mons, le 29 novembre 1910.

ANALYSE DE LA PIÈCE (1)

Le contre-maître Langouet, ébéniste d'art, aime l'ouvrière Louise Mairet, qui est la maîtresse du patron Breschard. Aussi Langouet est jaloux de Breschard, il le hait. Dès le premier acte, cette haine se fait jour. Le patron s'aperçoit qu'un meuble qu'il devait réparer a été saboté par les ouvriers. Ce sabotage (?) consiste en des inscriptions obscènes gravées dans les tiroirs du meuble. Puis, toujours sous l'instigation de Langouet, c'est la grève, la grève qui par suite de ses engagements va mettre M. Breschard dans l'impossibilité de livrer une importante commande à la date fixée et, par suite de ce retard, le ruiner.

Cependant, grâce à des collaborateurs qui lui sont demeurés fidèles, et notamment le vieil ouvrier Gaucheron, Breschard peut exécuter sa commande hors de ses ateliers. Il triomphe, mais pendant la lutte Louise Mairet a compris qu'elle adorait Langouet et elle intervient à point pour empêcher ce dernier de mettre le feu à l'immeuble dans lequel s'est effectuée la commande pressée.

Au dernier acte, Langouet est tombé dans l'alcoolisme. Louise Mairet, qui a lié son sort au sien, vient supplier Breschard de lui donner du travail ou de ne pas l'inscrire sur les listes noires que les patrons ont établies pour châtier les grévistes. Breschard refuse. Mais, d'une façon anonyme et sur les instances de Gaucheron, il assurera l'avenir du jeune couple en fournissant les fonds nécessaires à la création d'une coopérative que dirigera Langouet.

A part ce geste anonyme, aucun pardon pour les grévistes. C'est là l'idée maîtresse de la pièce : la bourgeoisie doit se défendre.

(1) Pour ceux qui n'ont pas vu jouer ou qui n'ont pas lu *La Barricade*, je donne ici une brève analyse de la pièce qui aidera à comprendre les arguments contenus dans la causerie.

Au second plan, quelques personnages compliquent un peu l'intrigue première. C'est d'abord le délégué du syndicat, Thubeuf, type du meneur roublard, jouisseur, sachant pousser les autres en avant et esquiver les responsabilités. C'est ensuite Philippe Breschard, le fils du patron, ami de Langouet et partageant ses idées, mais dont le socialisme disparaîtra dès la déclaration de grève ; c'est ensuite Cécile Tardieu, fille d'un orfèvre ami de Breschard, elle aime Philippe et est aimée de lui ; ils s'épouseront, etc., etc. Tous ces personnages ne sont là que pour le remplissage et sont complètement inutiles au développement de la thèse de l'auteur. En un mot, ils sont « théâtre. »

Mesdames, Messieurs...
et Camarades (si toutefois j'en ai dans la salle.)

Votre étonnement, en apprenant que le modeste ouvrier que je suis se permettait de faire une conférence sur *La Barricade*, l'œuvre de l'éminent académicien Paul Bourget, a dû être grand, car moi-même je suis encore étonné d'avoir à remplir cette tâche.

Il est par conséquent nécessaire de vous narrer dès maintenant les circonstances qui m'ont amené à prendre ce soir la parole devant vous et, dans cette « Chronique sociologique », à apporter l'autre son de cloche, je veux dire l'opinion d'un ouvrier syndiqué.

Voici donc, très brièvement raconté, car le temps m'est compté et, d'autre part, vous avez hâte de connaître le dénouement du drame social dont les prémices viennent, j'en suis sûr, de vous émouvoir profondément (1), comment je fus amené à donner

---

(1) Mes causeries avaient lieu entre le troisième et quatrième acte de la pièce.

mon avis, j'allais dire un peu prétentieusement, à devenir critique dramatique.

Dans le courant de décembre 1909, le journal satirique *Le Cri de Paris*, annonçant à ses lecteurs la première imminente de *La Barricade*, ajoutait que l'auteur, en créant le personnage de Thubeuf, avait été inspiré par mon « éminente » *(sic)* personnalité. M. Bourget a depuis démenti cette information ; mais au moment où elle parut, elle paraissait plausible. Je ne m'émus pas, au surplus, de cette note et, selon mon invariable habitude, restai muet jusqu'à la première.

Mais, à partir de ce moment, le bruit fait autour de cette pièce, les polémiques passionnées qu'elle suscita, les intentions diverses qui furent attribuées à l'auteur, tout cela éveilla au plus haut point ma curiosité et me décida à assister à une représentation. A cet effet, je pris ma bonne plume syndicaliste et j'adressai à M. Bourget une lettre dont je vous prie aujourd'hui d'excuser la forme humoristique et peut-être trop peu respectueuse de la civilité dûe à un homme du monde. Voici cette lettre :

« Paris, le 11 janvier 1910.

« A Monsieur Paul Bourget,

« Je m'autorise de ce que tous deux nous appartenons à des groupements illustres, vous l'Académie française, moi le Syndicat des Industries Electriques, pour vous demander un service.

« On dit qu'un des personnages de votre *Barricade*, Thubeuf, vous a été inspiré par ma personnalité. Aussi, j'ai le très grand désir de contempler mon sosie.

« Malheureusement, si ma célébrité est équivalente à la vôtre, il n'en est pas de même du contenu de mon porte-monnaie et je suis un peu gêné pour me payer un fauteuil au Vaudeville.

« J'ai donc pensé que, gracieusement, vous voudrez bien m'offrir ce siège et, en revanche, je m'engage à vous réserver un bout de banc pour la prochaine assemblée générale du Syndicat des Electriciens.

« Veuillez agréer, Monsieur, avec mes remerciements, mes salutations empressées.

« E. PATAUD. »

Le lendemain de l'envoi de cette épître, M. Bourget faisait à un rédacteur du journal *Le Gaulois,* la déclaration suivante :

« Mais certainement M. Pataud aura ses deux places et je vais m'empresser de les demander pour lui à la direction du Vaudeville. Nul doute que Porel ne pense comme moi.

« Je suis d'ailleurs enchanté de l'occasion que M. Pataud me fournit, de déclarer hautement que je ne l'ai jamais eu en vue quand j'ai campé mon personnage de Thubeuf.

« Je n'ai jamais, dans toute ma carrière, fait la moindre personnalité. J'ai toujours eu ce procédé en horreur.

« Je suis d'ailleurs convaincu que M. Pataud est incapable de commettre les actes que commet Thubeuf dans *La Barricade* et je n'hésite pas à le proclamer. »

J'eus donc mes deux fauteuils.

En passant, je dois à la vérité et à l'histoire de déclarer que M. Bourget ne m'a pas encore réclamé le bout de banc que j'avais mis à sa disposition pour une assemblée générale des Electriciens. A-t-il craint d'être mal assis ou, au contraire, a-t-il eu peur d'être converti au syndicalisme ?... Je ne suis pas encore fixé à ce sujet.

Quoiqu'il en soit, en compagnie de mon camarade Bruguière, celui que la presse quotidienne appelle couramment mon lieutenant, j'assistai à une représentation.

Quelque temps après, M. Albouy, pensant avec raison qu'il serait intéressant de faire connaître au public de province, non seulement *La Barricade* mais aussi les réflexions qu'elle avait suggérées aux syndicalistes, me demanda si j'accepterais de développer ces dernières.

Etant d'avis que toutes les tribunes sont bonnes pour propager nos idées, malgré les conseils de quelques camarades qui craignaient que ces tournées ne soient mal interprétées et ne jettent une sorte de discrédit sur l'action que j'ai menée dans la bataille sociale, rejetant tous les préjugés d'où qu'ils vinssent, j'acceptai.

Voilà, sommairement exposé, le motif de ma présence ce soir parmi vous.

Et maintenant, parlons de ce qui vous intéresse le plus, c'est-à-dire, de la pièce.

Vous n'attendez certes pas de moi une critique littéraire, le primaire que je suis et que je ne rougis pas d'être étant absolument incompétent pour formuler un jugement à cet égard. Sur ce point, je m'en rapporte donc à ceux qui, et ils sont nombreux, louent sans réserve les ouvrages de M. Paul Bourget et estiment que *La Barricade* n'est pas inférieure à ses productions antérieures.

Mais si mon incompétence est grande en matière littéraire, ma connaissance du mouvement social est, je crois, suffisante et me permet de discuter sur ce que M. Bourget a appelé lui-même « une chronique de guerre sociale en 1910. »

Pour cette discussion, je me reporterai, si vous le voulez bien, à la lumineuse préface que l'auteur a écrite lui-même sur sa pièce. C'est là, d'après moi, la meilleure méthode, car elle nous permettra de savoir tout d'abord ce que M. Bourget a voulu faire, ce qu'il s'est proposé de démontrer et, par suite, de juger s'il y a réussi.

Ce qu'il a voulu démontrer ? Il l'indique clairement dès la page 5 de sa préface, lorsqu'il constate « le caractère inévitable de la guerre de classes dans la société présente », et de même lorsqu'il supplie, à la page 59, la bourgeoisie de se défendre.

Vous verrez plus loin, Mesdames et Messieurs, que, contrairement à ce que vous pourriez penser, je suis complètement d'accord sur ces deux points avec M. Bourget. Mais, pour le moment, voyons s'il a réussi à faire ce qu'il appelle lui-même « la peinture de toute la vie industrielle. »

Je ne le crois pas et voici pourquoi :

L'auteur, qui connaît le monde industriel et les ouvriers comme je connais moi-même les académiciens, s'est imaginé qu'il lui suffirait d'interroger quelques patrons ébénistes pour être suffisamment documenté sur les conflits sociaux. Ecoutez-le lui-même raconter la genèse de sa pièce :

« C'est, dit-il, l'histoire d'un conflit entre un patron et ses ouvriers. J'ai choisi comme milieu le monde des ébénistes d'art tout simplement par souci de l'exactitude. Un jour que je visitais une boutique du faubourg Saint-Antoine, le maître du logis se mit à me parler d'une grève qu'il venait de traverser. »

Et voilà le point de départ de la pièce ! Une simple conversation, une seule affirmation d'une des parties. Car remarquez qu'il ne vient pas un instant à l'esprit du narrateur d'interroger quelques ouvriers ayant participé à la lutte. L'opinion, les motifs de l'attitude de ceux-ci, tout cela il le demande à un intermédiaire, dans l'occurence un commerçant dont la partialité est évidente. Relisons, en effet, la préface :

« Toutes les réponses des ouvriers ont été réellement prononcées, dit l'enquêteur ; *je me les suis fait dicter par un commerçant à qui elles avaient été adressées.* »

Et voilà, ce n'est pas plus difficile que cela ! Vraiment, vous avouerez que cette enquête est un peu sommaire : seuls les plaignants ont la parole ; les accusés doivent se taire.

Le même souci de l'exactitude dans la documentation pousse encore l'auteur à connaître l'attitude de la police dans ce différend et je ne mettrai certes pas en doute la véracité des paroles qu'il prête au commissaire de police qui engage M. Breschard « à descendre une barre de fer sur la gueule des ouvriers. » J'en profiterai seulement pour constater en passant que le langage policier n'a aucun rapport avec celui en usage à l'Académie.

De cette façon de procéder je crois être autorisé à dire que l'auteur est tombé dans le travers qu'il conseille aux autres d'éviter lorsqu'il écrit « qu'il ne faut rien induire de général d'un cas particulier ». Par une grève d'ébénistes, il juge toutes les grèves ! Ne commettons pas la même erreur et, pour l'honneur et la dignité si connues et appréciées de la police, déclarez avec moi que le commissaire de police dont je rappelais tout à l'heure les paroles est un cas spécial qu'il ne faut pas généraliser.

En somme M. Bourget est monté sur son observatoire académique, a pris sa bonne lorgnette, probablement par le gros bout, a arrêté celle-ci sur le point de l'horizon où se trouvaient des ébénistes, les a contemplés cinq minutes et le voilà maintenant fixé sur l'industrie en général.

C'est donc sur ce cas particulier d'une grève d'ébénistes, industrie toute spéciale dont le développement n'a pas encore permis l'exploitation sous la forme anonyme, c'est après avoir interrogé un patron, un commerçant et pour plus de sûreté un commissaire de police, probablement de la brigade du même nom, que l'on va maintenant vous brosser un tableau, j'allais dire nous faire une photographie exacte de la mentalité ouvrière.

C'est là, à mon avis, une documentation incomplète, hâtive et ressemblant fort à celle d'un explorateur arrivant à Paris qui, au saut du train, rencontrant une femme rousse, inscrit vivement sur son carnet de notes : A Paris, les femmes sont rousses !

Ce premier point de documentation réglé, voyons maintenant se dérouler la pièce.

Au début, il faut frapper fort, aussi va-t-on vous montrer le sabotage. Vous vous attendez sans doute à quelque chose de terrible, de violent, à une catastrophe ? Mais non, pas du tout. Le sabotage se réduit à quelques inscriptions grossières sur des tiroirs de meubles ! Réminiscences sans doute des visites de M. Bourget aux vespasiennes parisiennes !

En écoutant tout à l'heure la lecture de ces grossièretés votre esprit n'évoquait-il pas les grandes journées révolutionnaires ?

Prises de la Bastille, 93, La Terreur, les guillotines.

Brr... Sacrés tiroirs, va !

Mais voyons, ce sabotage est un sabotage de collégiens en vacances, c'est un sabotage rigolo, nullement haîneux, encore moins conscient comme le prétend Langouet.

Apprenez donc, ô bourgeois qui m'écoutez, que le jour où, par suite de la guerre inéluctable des classes, le prolétariat comprendra l'absolue nécessité de se servir de ce moyen, il ne s'attaquera pas aux tiroirs de meubles !

Le sabotage futur (peut-être pas si futur) sera un sabotage scientifique et méthodique.

Mais je reviendrai tout à l'heure sur cette théorie qui semble criminelle à certains d'entre vous et essaierai de la justifier.

Pour le moment, revenons à la pièce. Je laisse de côté l'intrigue, les histoires d'amour, inévitables paraît-il au théâtre mais superflues d'après moi à cette chronique de Guerre sociale et qui, bien au contraire, diminuent considérablement le personnage de Langouet puisqu'une basse jalousie semble être la seule instigatrice d'un geste dont l'auteur dit lui-même « qu'il est terrible, mais qu'il n'est pas bas », je passe sur la conception du délégué de syndicat et laisse les gens impartiaux juger, si par exemple, j'ai quelque chose de commun avec lui, renvoyant au surplus ceux qui voudraient plus de détails sur la question se documenter dans un ouvrage d'un auteur peu suspect de sympathie pour les syndicalistes, je veux parler du citoyen Mermeix et de son livre : *Le Syndicalisme contre le Socialisme*.

Je laisse encore pour le moment la chasse aux renards, j'en reparlerai tout à l'heure au sujet du type du bon ouvrier Gaucheron et je me demande dès maintenant si l'auteur a atteint le but qu'il précisait si bien dans sa préface.

« Il voulait, dit-il, écrire une chronique de guerre sociale en 1910, en être le miroir fidèle, reflétant sans déformer, établir le diagnostic du mal terrible dont souffre la société. »

La chronique n'est pas exacte, le miroir n'est pas fidèle, la maladie est constatée, mais le diagnostic n'est pas établi.

L'auteur voulait encore démontrer le caractère inéluctable de la guerre des classes, aussi je regrette vivement, pour ma part, que dans sa pièce un personnage n'ait pas mis en lumière le fossé profond, toujours plus profond qui sépare ces deux classes et qu'il définissait si bien quand il écrivait :

« Il y a, dans la société actuelle, une barricade dressée dont personne n'est responsable, ni les bourgeois, ni les ouvriers. Elle s'impose aux uns comme aux autres. Tôt ou tard, ils devront tous prononcer le mot de M. Clémenceau et se ranger de l'un ou de l'autre côté.

« Les politiciens les plus souples, M. Jaurès, M. Briand, dépenseront à esquiver ce mot de guerre des trésors d'ingéniosité. On le prononcera pour eux. On le prononce déjà. Qui ? Les assaillants qui sont de l'autre côté où eux ne sont pas, où ils ne peuvent pas être. Ils auront beau faire, ils sont de leur classe, comme M. Clémenceau et cette classe les reprendra, quoiqu'ils veuillent et en dépit de leurs idéologies, elles les jettera contre la classe ouvrière ! »

Paroles prophétiques de l'auteur avec lequel, comme je le disais au début, je suis sur ce point complètement d'accord.

Malheureusement, si la préface établit indubitablement le caractère inévitable de la guerre des classes, la pièce, elle, n'est pas probante à cet égard. Vous le constaterez vous-mêmes tout à l'heure par son dénouement imprécis.

Or, cette guerre de classes durera tant que ceux qui font profession de penser voudront une rémunération plus grande que celle accordée aux travailleurs manuels. C'est en effet sur cette conception fausse de la priorité des intellectuels sur les manuels et de la plus forte rémunération accordée jusqu'à présent aux premiers que roule toute la question sociale.

Au point de vue d'utilité sociale nous considérons, nous, que toutes les fonctions sont équivalentes. Ah, je sais bien que cette assertion va faire hurler les cerveaux étroits de quelques bourgeois qui ont péniblement, et à force de temps, acquis les quelques connaissances superficielles qui leur servent actuellement à asservir les ouvriers, mais cette théorie ne semble pas aussi absurde à de grands savants que le savoir a rendu plus modestes, par conséquent plus justes.

Mais me voilà loin de *La Barricade* et j'ai promis de revenir sur la grève, la chasse aux renards et le sabotage. Il est temps de le faire.

Il est d'usage, dans le clan bourgeois, de regretter la fréquence des grèves, de dire qu'elles compromettent l'industrie nationale et qu'elles nous préparent les pires catastrophes.

Nous pouvons tout d'abord répondre que la France n'a pas le privilège des grèves nombreuses. Tous les pays d'Europe, et aussi d'Amérique, voient tous les jours augmenter le nombre des conflits. Et croyez-vous que c'est de gaîté de cœur que les ouvriers se décident à faire grève ? Il faut vraiment n'avoir aucune conscience des privations que représente pour eux la suspension du salaire pour formuler une telle assertion. Mais, comme ils n'ont que ce moyen à leur disposition, quelque dangereux qu'il soit pour eux, ils sont bien contraints de l'employer, puisque sans lui jamais ils n'obtiendraient une amélioration. Attendre en effet quelque chose de la bonne volonté patronale est pure folie. Les patrons ne cèdent quelque chose que contraints et forcés, et ceci est tellement vrai que M. François de Curel, qui ne saurait passer pour un syndicaliste a pu écrire : « Depuis cent ans, tout ce que les ouvriers ont obtenu, c'est par la grève. »

Cette grève des ébénistes est donc, comme toutes les grèves, provoquée par l'intransigeance patronale. Elle éclaterait même sans la rivalité amoureuse de Langouet et de Breschard. La façon cavalière, hautaine, de ce dernier refusant de discuter avec le délégué du syndicat est d'une pratique courante et qui ne surprend plus aucun de mes camarades. Laissez-moi cependant m'étonner une fois de plus du peu de respect que montre cette classe de patrons envers une loi, celle de 1884 sur les syndicats, loi votée par des élus bourgeois. Il semblerait pourtant que nous prêchant tous les jours le respect de la légalité, ils devraient nous donner l'exemple. Bien loin de là, ils considèrent comme un crime l'exercice de ce droit.

Et qu'on ne vienne pas dire que j'exagère puisqu'un des leurs, et non des moindres, M. Fallières, alors ministre de la justice, a pu dire à la tribune du Parlement que « dans presque toutes les localités françaises les patrons se livraient à une véritable chasse aux syndiqués. »

N'est-il pas naturel alors que cette chasse aux syndiqués ait engendré, de l'autre côté de la Barricade : la chasse aux Renards !

Parlons donc de ces derniers.

L'ouvrier Gaucheron les synthétise tous. Il est pris sur le vif. C'est au nom de la liberté et de « l'amour de son travail » qu'il repousse ce qu'il appelle la tyrannie syndicale ; mais raisonnons un peu.

Les ouvriers et particulièrement ceux de la grande industrie, parqués par centaines et par milliers ne peuvent concevoir l'idée de la liberté individuelle. Ils doivent accepter une direction d'ensemble pour faire face à l'autorité patronale représentée par toute une catégorie spéciale de gardes-chiourmes, je veux parler des contre-maîtres. De là, inévitablement, doit naître une solidarité étroite entre tous les travailleurs. On conçoit en effet parfaitement que celui d'entre eux qui travaille à un salaire inférieur ou consent à subir la tyrannie d'une discipline avilissante, met en danger le salaire et la dignité de tous ses camarades.

Celui qui reprend le travail en temps de grève rend infécond un terrible effort. Je veux bien croire qu'il est malheureux, qu'il est père de famille, que l'argent manque à la maison, ce sont là des circonstances atténuantes mais pas une excuse.

Les misères individuelles ne compte pour rien dans les questions d'ordre général.

La société lorsqu'elle prélève un impôt, ou convoque des réservistes, ne s'informe pas d'abord si le mouvement convient à tel citoyen, s'il est dans la gêne ou dans l'abondance. Elle passe outre. La situation est la même, aussi impérieuse, aussi dure.

Mais vous allez sans doute me taxer de partialité dans ce débat, aussi permettez-moi de vous citer l'avis d'un critique dramatique (d'un vrai, pas comme moi), M. Nozière, que vous n'accuserez pas d'être susceptible de tendresse à notre égard. Voici ce qu'il écrivait à ce sujet :

« Il est juste qu'en se groupant, en étant solidaires les uns des autres, les ouvriers résistent à l'avarice et au caprice des maîtres. Il nous paraît injuste d'unifier les salaires, de payer les bons ouvriers comme celui qui n'est ni adroit ni consciencieux. C'est cependant le seul moyen de garantir l'artisan contre les marchandages excessifs, contre l'ingéniosité de l'exploiteur.

« Le vieil ouvrier Gaucheron se glorifie d'être libre et de ne pas obéir aux ordres d'un syndicat. Il déclare qu'il est assez grand pour faire ses affaires lui-même. Il s'indigne en pensant que le travail d'un ouvrier sans talent sera rémunéré comme le sien. Son orgueil ou la conscience de sa valeur le sépare de sa classe. Il ne songe pas à ses frères qui n'ont ni son indépendance ni son intelligence, ni son talent. Il les considère avec quelque dédain, comme les maîtres regardaient les compagnons qui n'avaient pas encore accompli le chef-d'œuvre. Il a conscience d'être supérieur à la foule. C'est un être exceptionnel. C'est un artiste et son exemple ne prouve rien. Les syndicats n'ont pas été créés pour les forts, mais pour les faibles. C'est ce que personne ne lui fait observer.

« Pour que l'action des syndicats soit efficace, il faut nécessairement que les mesures qu'ils prennent soient générales. Une grève ne peut avoir un heureux effet que si le travail cesse chez tous les patrons qui n'ont pas cédé. Il est donc naturel que les grévistes fassent la chasse aux renards, c'est-à-dire à ceux qui n'ont pas déposé les outils. C'est à ces fidèles de se défendre et c'est à la police de les protéger. Il est logique que ceux qui chôment veuillent faire usage de la machine à bosseler. Le gouvernement doit les en empêcher et, si des délits se produisent, les auteurs en doivent être sévèrement punis. C'est la guerre, et chacun emploie ses armes. Les uns ont à leur service la violence et les autres la loi. On peut souhaiter le triomphe d'un parti et la défaite de l'autre. Mais il est puéril de juger, au nom d'une morale toute pacifique, les incidents d'une bataille. Malgré nous, l'attitude de ceux qui restent soumis aux patrons tandis que leurs camarades souffrent pour la cause nous paraît un peu piteuse. On acclame Gaucheron qui menace les grévistes de son révolver s'ils veulent briser les meubles confiés à sa garde. C'est que les ouvriers de Breschard sont dans l'aisance. Mais, au dernier acte des *Tisserands*, n'admirons-nous pas Louise, la révoltée, qui reproche à son mari et son père leur résignation ? »

Ainsi donc, il est légitime que, par persuasion ou par la force, ceux qui luttent cherchent à ramener dans leurs rangs les déserteurs.

D'autre part, je signale cette anomalie. Dans un pays où, par suite du système parlementaire, tous les citoyens subissent, au point de vue politique, la loi des majorités, il suffit, dans le domaine économique, que dans une grève englobant, par exemple, un millier d'ouvriers, un seul s'obstine à travailler pour que toutes les forces gouvernementales soient employées à protéger celui-là contre ses 999 autres camarades dont il compromet les intérêts. En bonne logique (et j'en demande pardon à la mémoire de Waldeck-Rousseau) la force publique devrait au contraire l'obliger à faire grève.

C'est cette anomalie, pour ne pas dire ce déni de justice et de logique qui cause l'échec d'un nombre considérable de grèves et c'est d'elle aussi qu'ont découlé l'antimilitarisme et la pratique du sabotage.

Les ouvriers se rendant compte en effet que, dans ces conditions, la lutte devenait par trop inégale et ressemblait à celle du pot de terre contre le pot de fer, ont été tout naturellement amenés à rechercher les moyens de rétablir l'équilibre.

Le sabotage est un de ces moyens.

C'est ici que je demanderai toute votre attention et aussi toute votre indulgence car je sais que je vais froisser les sentiments intimes de beaucoup d'entre vous. J'espère cependant que, dans ce pays dit de liberté, vous observerez envers moi la tolérance qu'on doit à tout homme sincère et convaincu.

J'ai dit, dans le courant de cette causerie, que le sabotage futur serait scientifique et méthodique. Il faut que je m'explique.

Nous répudions ce sabotage idiot qui consiste à inscrire des obscénités sur des tiroirs de meubles. Nous répudions aussi ce sabotage enfantin qui, par exemple, lors d'une grève de tramways, préconisera le bris de quelques vitres d'une voiture conduite par des jaunes ; nous protestons contre le sabotage d'un aéroplane, fût-il même monté par des officiers ; nous ne saboterons pas une statue, fût-ce même celle d'un ennemi du peuple, etc.

Le sabotage n'a pas pour but une destruction bête et inutile. Il n'a rien du vandalisme. Contrairement à ce que croit ordinairement le public il se différencie absolument des procédés terroristes, il a sur ces derniers l'avantage énorme de ne pas faire de victimes innocentes.

En un mot le sabotage que nous préconisons ne constitue pas des représailles contre la bourgeoisie mais vient simplement augmenter les munitions du prolétariat dans sa lutte contre elle.

Certains socialistes (?) toujours soucieux d'esquiver les responsabilités et de ménager le troupeau électoral, tout en ne condamnant pas absolument cette pratique, la déconseillent en fait en prétendant qu'elle est l'arme des faibles, comme si les ouvriers n'étaient pas toujours faibles en face des forces capitalistes !

Pour terminer sur cette question, et bien faire comprendre notre pensée, nous dirons que le sabotage consiste surtout pour les grévistes à empêcher que le travail qu'ils ne font plus soit exécuté par d'autres.

Ainsi, dans une grève du personnel de compagnies de chemins de fer par exemple, le saboteur se gardera bien de faire dérailler un train de voyageurs, mais il s'appliquera à mettre la locomotive dans l'impossibilité de fonctionner, en égarant, par mégarde, une de ses pièces indispensables, il favorisera l'encombrement des marchandises dans les gares, et, sabotage suprême, il empêchera absolument tout trafic en observant purement et simplement les Règlements ! Ce sabotage s'est pratiqué en Italie et a donné en effet de merveilleux résultats.

Aussi, quoique mis par toute la presse bourgeoise au rang des attentats criminels, le sabotage se pratiquera de plus en plus et s'exercera plus particulièrement dans les industries indispensables à la vie actuelle, je veux parler des industries produisant de la force motrice sous toutes ses formes : chemins de fer, eau, gaz, électricité, etc.

Vous n'attendez certes pas de moi un cours sur les moyens que les saboteurs ont à leur disposition, mais je prie ceux que cela intéresserait de lire une conférence de Sébastien Faure et moi sur l'industrie électrique au service de la révolution. Ils y verront qu'il ne s'agit plus, comme le disait la presse bourgeoise, de « pain au verre pilé » ou de « denrées arrosées de pétrole », mais, je le répète, de rétablir l'équilibre dans les moyens de défense des deux classes.

Dans la bataille sociale, la bourgeoisie peut tout à son aise qualifier ces procédés de criminels, accumuler les arguments humanitaires ou juridiques, toute cette phraséologie sentimentale et intéressée n'empêchera pas cette méthode de se généraliser et que, grâce à elle, la Grève générale, utopie d'hier, devienne la réalité de demain.

Mais c'est assez sur ce sujet. Revenons encore à la pièce et terminons enfin son analyse.

Ce qu'on vient de représenter devant vous, c'est l'histoire d'une grève qui échoue par la faute des renards. L'auteur oublie de nous dire quelle attitude devrait avoir le patron, M. Breschard, si, et heureusement cela arrive fréquemment, les ouvriers, parfaitement unis, prolongeaient indéfiniment leur résistance. M. Breschard devra-t-il se ruiner en se drapant dans une farouche intransigeance ? Ou bien ses confrères vont-ils généraliser le conflit, lui venir en aide, en un mot, *affirmer la solidarité patronale ?*

Le silence de M. Bourget à cet égard peut nous faire croire à son pessimisme.

Je le regrette vivement.

C'est que, comme lui, je suis persuadé du caractère inévitable de la lutte des classes et de la nécessité de la violence et, comme le dit M. Georges Sorel, sur lequel l'auteur s'appuie avec moi, « le rôle de la violence apparaît singulièrement grand dans l'Histoire, car elle peut opérer, d'une manière indirecte, sur les bourgeois pour les rappeler au sentiment de leur classe. Bien des fois on a signalé le danger de certaines violences qui avaient compromis d'admirables œuvres sociales, écœuré les patrons disposés à faire le bonheur de leurs ouvriers et développé l'égoïsme là où régnaient autrefois les plus nobles sentiments. Opposer la noire ingratitude à la bienveillance de ceux qui veulent protéger les travailleurs, opposer l'injure aux homélies des défenseurs de la fraternité humaine et répondre par les coups aux avances des propagateurs de paix sociale, cela n'est pas assurément conforme aux règles du socialisme mondain de M. et Mme Georges Renard, mais c'est un procédé très pratique pour signifier aux bourgeois qu'ils doivent s'occuper de leurs affaires et seulement de cela.

« Je crois très utile aussi de rosser les orateurs de la démocratie et les représentants du gouvernement, afin que nul ne conserve d'illusion sur le caractère des violences. Celles-ci ne peuvent avoir de valeur historique que si elles sont l'expression brutale et claire de la lutte de classes. Il ne faut pas que la bourgeoisie puisse s'imaginer qu'avec de l'habileté, de la science sociale ou de grands sentiments, elle pourrait trouver meilleur accueil auprès du prolétariat.

« Le jour où les patrons s'apercevront qu'ils n'ont rien à gagner par les œuvres de paix sociale ou par la démocratie, ils comprendront qu'ils ont été mal conseillés par les gens qui leur ont persuadé d'abandonner leur métier de créateurs de forces productives pour la noble profession d'éducateurs du prolétariat. Alors il y a quelques chances pour qu'ils retrouvent une partie de leur énergie.

« Non seulement la violence prolétarienne peut assurer la révolution future mais encore elle semble être le seul moyen dont disposent les nations européennes abruties par l'humanitarisme, pour retrouver leur ancienne énergie. Cette violence force le capitalisme à s'occuper uniquement de son rôle matériel et tend à lui rendre les qualités belliqueuses qu'il possédait autrefois. Une classe ouvrière grandissante et solidement organisée peut forcer la classe capitaliste à demeurer ardente dans la lutte industrielle, en face d'une bourgeoisie affamée de conquête et riche, si un prolétariat uni et révolutionnaire se dresse, la société capitaliste atteindra sa perfection historique. »

Ah ! certes, nous voici loin de la théorie de l'entente du capital et du travail, de la participation aux bénéfices, de l'arbitrage obligatoire, des retraites ouvrières et autres palinodies si chères, actuellement, à certains bourgeois, ex-révolutionnaires chambardeurs qui, maintenant qu'ils ont quitté les rangs ouvriers où ils n'étaient passés que pour mieux les duper, sont retournés à leur classe, ont réintégré le camp bourgeois, assagis et les poches pleines.

Combien je préfère, M. Bourget, votre rappel au sentiment de classe à tous ces endormeurs, inventeurs de systèmes, familiers des compromissions, socialistes à l'eau de rose dont le seul souci est que l'état actuel dure autant qu'eux !

Comme vous, je souhaite que le capitalisme accomplisse toute sa mission et arrive à son développement intégral, car le prolétariat est l'héritier de ce capitalisme et, comme tout héritier, tient beaucoup à ce que l'héritage soit le plus gros possible.

En résumé, votre œuvre, M. Bourget, quoique contenant ces imperfections de détail, n'aura pas été vaine puisqu'elle aura mis en lumière l'inévitable antagonisme des deux classes.

Cet antagonisme est constaté par les hommes de tous les partis et il n'est peut-être pas inutile de citer ici, à ce sujet, l'opinion d'un avocat célèbre (pas par ses plaidoiries) qui doit bien connaître cette angoissante question sociale, puisqu'il l'a étudiée dans les deux camps. Écoutez-le :

« A vouloir arrêter, écrivait-il, dans sa marche ou régler par le jeu des lois un phénomène entraîné par la fatalité économique et qui défie souvent toutes les prévisions, le gouvernement se prépare des désillusions amères. Il rêve de fonder l'harmonie entre le capital et le travail. Rêve aussi chimérique que la recherche de la pierre philosophale ou du mouvement perpétuel. » (1)

J'ai donc raison de dire que dans nos deux classes il se trouve des hommes pour constater le caractère inévitable de cette lutte. Mais alors qu'après avoir signalé, M. Bourget, le mal terrible dont souffre la société actuelle, vous montrez au sujet du remède à apporter un pessimisme absolu en constatant l'inanité des efforts d'un Biétry, d'un Albert de Mun ou d'un Haussonville pour concilier les classes ennemies ; alors qu'après avoir regretté la disparition de la foi religieuse, que vous considériez, avec raison, « comme l'antidote assuré de la guerre sociale », vous concluez en déclarant « le problème de la guerre des classes comme insoluble », nous apportons, nous, non pas un optimisme sentimental et niaisement humanitaire, mais une solution rationnelle :

Le Communisme libertaire dont nous attendons l'avènement par la Grève générale !

Emile PATAUD.

(1) Aristide Briand (2 janvier 1903.)

www.ingramcontent.com/pod-product-compliance
Lightning Source LLC
Chambersburg PA
CBHW060910050426
42453CB00010B/1636